Creado por Antonio Balibrea Melero

Ilustrado por María y Pablo Balibrea Fructuoso

Primera edición, 2019

Queda rigurosamente prohibida, sin la autorización escrita de los titulares del Copyright, bajo las sanciones establecidas en las leyes, la reproducción parcial o total de esta obra por cualquier medio o procedimiento, comprendidos la reprografía y el tratamiento informático, y la distribución de ejemplares de ella mediante alquiler o préstamos públicos.

© Antonio Balibrea Melero

Obra literaria: Antonio Balibrea Melero

Ilustraciones: Pablo y María Balibrea Fructuoso

Revisión: Fina González

A nuestra familia

Este es un ejercicio de empatía. Cada día puedes leerle el cuento siendo un personaje diferente.

Ser capaz de ponerse en el lugar de otros le hará más fácil comprender a las personas que le rodean.

Consejo: Recuérdale que aunque haya gente que parezca mala, no hay ni malos ni buenos, todos hacen las cosas por alguna razón distinta a la de hacer daño a la gente.

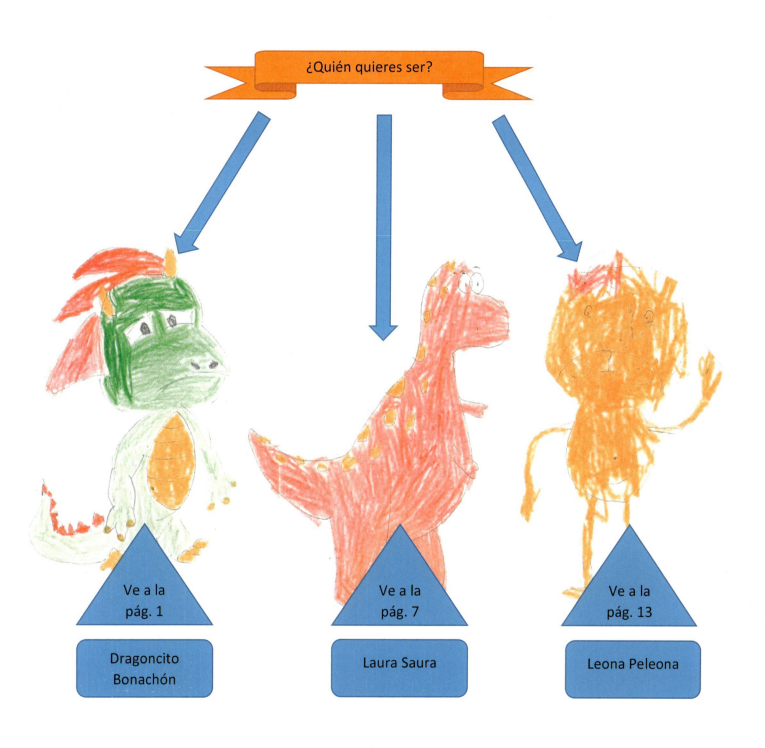

¿Cómo se sintió Dragón Bonachón?

(Aprovecha esta pregunta para hablar de sentimientos, así verá normal hablar contigo sobre lo que siente. Usa diferentes palabras para describir este sentir (triste, cabizbajo, desalentado, decepcionado por el comportamiento de las compañeras). Tener vocabulario amplio le ayudará a expresar sus sentimientos.

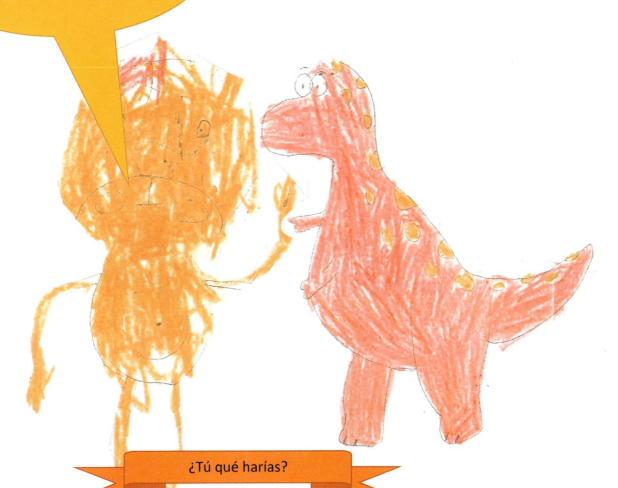

¿Puedo jugar con vosotras?

¿Ha elegido preguntar otra vez? No tiene por qué ser mala opción.

No ningunees/banalices su opción elegida.

No obvies/generalices/radicalices lo que tú opinas sobre la opción elegida.

No hagas como si fuera una situación fácil. Para tu hij@ es una situación muy complicada.

No demonices a la Leona Pelona y Laura Saura. Hazle saber que aunque no está bonito lo que han hecho, las niñas tienen derecho. También comenta que puede ser que más adelante se den cuenta de que se equivocaron.

Hazle comprender que sabes por qué eligió esa opción

Hazle comprender que sabes que como se siente Dragoncito por lo que ha pasado

Dragoncito comenzó a jugar él solo

¡Qué valiente y fuerte Dragoncito que es capaz de jugar él solo!

Que los niños jueguen solos o se aburran no es algo malo. Házselo saber.
Refuerza la autonomía
Aviva el ingenio
Fomenta la creatividad
Fuerza el desarrollo cognitivo

¿Cómo crees que se sentía ahora Dragoncito?
Orgulloso de haber sabido jugar el solo
Contento de que otros niños quisieran jugar ahora con él
Ansioso por contárselo a su madre/padre
¿Cómo crees que se sentirá su madre/padre cuando se lo cuente?
Contentísim@ de que su hij@ le cuenta cualquier cosa, mala o buena (recalca esto último).

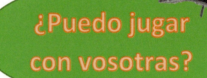

¿Puedo jugar con vosotras?

9

¡Vamos a jugar Dragoncito!

¿Cómo crees que se siente Leona?

¿Tú qué harías?

Me iría con Leona y dejaría a Dragoncito
Pág. 9

Hablaría con Leona
Pág. 11

Laura Saura, Dragón Bonachón, Leona Pelona y otros amigos se lo pasaron genial

12

¡Bieeeeeen!

¿Puedo jugar con vosotras?

"No, no queremos jugar contigo. ¡Vámonos!"

14

¿Tú qué harías?

- Me iría con Laura Saura — Pág. 9
- Explicaría a Dragoncito porque quiero estar con Laura solo — Pág. 10
- Le diría una cosa a Laura y volveríamos las dos con Dragoncito a jugar — Pág. 11

 17 El valor de la leona pelona hizo que todos se sintieran bien y jugaran juntos

> Sigo sin sentirme bien.
> ¿Por qué me siento mal?

18

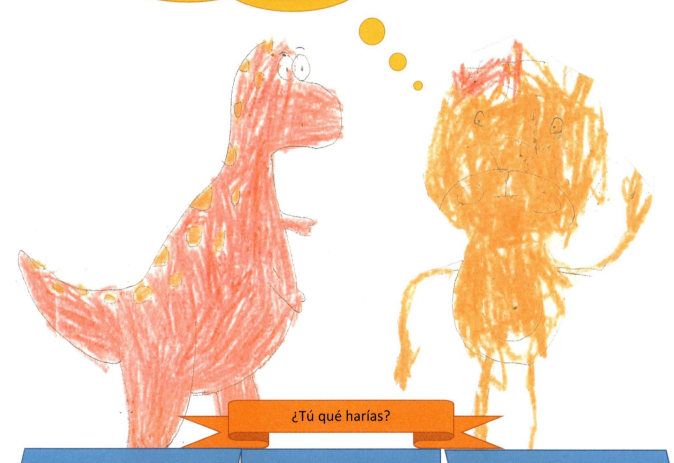

¿Tú qué harías?

| Me siento mal pero no me atrevo a pedirle perdón. Pág. 15 | Soy muy pequeño, no soy capaz de saber lo que siento. Sigo jugando con Laura. Pág. 15 | Me siento mal y soy valiente. Voy a ir a pedirle perdón. Pág. 16 |

¡Hola! ¿Quieres que en la siguiente edición salga el nombre de tu hij@ y el tuyo en esta página?

¿O incluso te atreves a mandarnos un dibujo de algún animalito pequeñito que haga tu hij@?

Puntúanos, coméntanos en Amazon y mándanos un email a antoniobalibrea@gmail.com

Te avisaremos en cuanto esté a la venta con el recuerdo para tu familia

23 de Marzo de 2019

Made in the USA
Middletown, DE
28 March 2019